Martin Baltscheit
Die Geschichte vom Fuchs,
der den Verstand verlor

 Bloomsbury

Martin Baltscheit
Die Geschichte vom Fuchs, der den Verstand verlor
2. Auflage 2011
© 2010 BV Berlin Verlag GmbH, Berlin
Bloomsbury Kinderbücher &
Jugendbücher
Alle Rechte vorbehalten

Druck und Bindung:
TBB, Banská Bystrica
Printed in the Slowak Republic

ISBN 978-3-8270-5397-8

Illustration und Gestaltung: Martin Baltscheit
Schrift: The Serif

www.berlinverlage.de

Ein Fuchs. Ein kluger, hübscher Fuchs.

**Rot und schnell und immer hungrig.
Ein Fuchs, der alles weiß,
was ein Fuchs so wissen muss:**

1. Wie man den Geißen Fallen stellt.
2. Wie man den zarten Hasen Gruben gräbt.
3. Wie man aus Hühnern Braten macht.

So ein Fuchs, dieser Fuchs,
lud einmal in der Woche
alle jungen Füchse ein.
Er kochte für sie und verriet
ihnen seine besten Tricks.

Zum Beispiel den hier:
Wie ein sehr schlauer Fuchs den Hunden des Jägers entkommt.

90

Wer alles weiß, kann lange leben, dachte der Fuchs und lebte ein langes Leben voller Abenteuer.

Er lebte lange und wurde alt.
Der Fuchs bekam weiße Barthaare,
ein paar Narben hier und da und
wurde auch **ein bisschen vergesslich.**

Zuerst brachte er die Wochentage durcheinander. Er ging am Mittwoch in die Kirche und wunderte sich, warum der Chor der Gänse nicht sang.

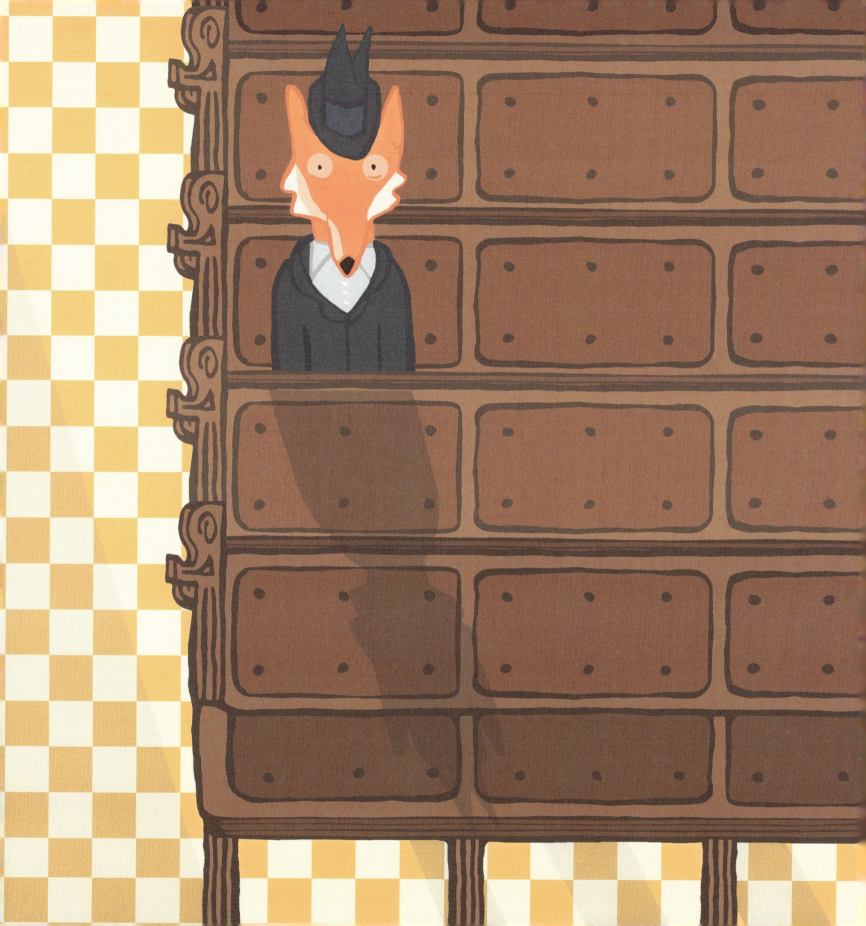

Dann vergaß er einen Gedanken

und musste zurück an den Ort, an dem er den Gedanken zum ersten Mal gehabt hatte.

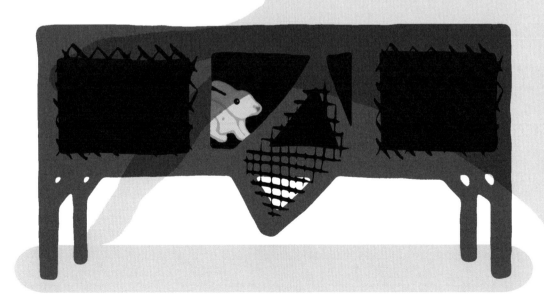

Oder aber er vergaß
den Geburtstag eines Freundes
und kam ohne Geschenk.

Oder er hatte ein Geschenk dabei
und niemand hatte Geburtstag.

**Alles in allem war das
für den Fuchs aber kein Problem.**

Eines Tages jedoch fand der Fuchs
den Weg nach Hause nicht.
Er kletterte auf einen Baum
und setzte sich in ein Vogelnest.
Da kam die Amsel und fragte:
Wohnst du hier?
Da fiel es dem Fuchs wieder ein.
Nein, er wohnte nicht hier.

Danach fragte die Amsel niemanden mehr.

Ein anderes Mal war der Fuchs
auf der Jagd und vergaß ... das Jagen.

Weil er aber hungrig war,
blieb er stehen und fraß einen
ganzen Strauch Brombeeren kahl.

Zu Hause sahen ihn
die jungen Füchse und
dachten sofort:

*Oh, dieser Fuchs,
der hat heute mindestens
sieben Geißlein gefressen.*

Ein paar Wochen später
übersah der Fuchs die Brombeeren
und ging schwimmen.
Den ganzen Tag.

Er schwamm vier Mal
über den Teich,
tauchte fünf Mal
auf den Grund und
spuckte das Wasser
sechs Meter hoch
gegen das Sonnenlicht.

In der Nacht schlief er schlecht.

Er träumte von einem Essen
mit **4** Sorten Frischfleisch,
5 Gängen und mindestens
6 Sorten rotem Wein.

Mit einem Wort, er hatte **Hunger**.
Also wachte er auf und ging auf die Jagd.
Er ging auf die Jagd und vergaß das Jagen.
Er lief durch den Wald und vergaß das Laufen.
Er blieb stehen und wusste nicht warum.

**Der Fuchs hatte vergessen,
dass er ein Fuchs war.**

Da hörte er aus der Ferne … ja, was eigentlich? Da kan etwas gelaufen, so … Dinger. Sie kamen und machter einen ziemlichen Lärm, ihre … also, sie hatten so rot Sachen, die hingen aus ihren … Schnauzen? Ja, richtig **Schnauzen**, … und die Dinger mit den Schnauzer waren **Zungen**, genau, Zungen, und die kamen nähe und waren unglaublich **wütend**! Auf wen waren di nur so wütend? Immer mehr Schnauzen und Zunger kamen gelaufen, und sie hatten winzige gelbe … äh **Augen**, danke. Ihre Augen schielten und ihre Zunger hingen aus den Schnauzen und ihre Zähne warer spitz und man konnte hören, was sie riefen, denn si waren nah genug, um deutlich hören zu können, wa sie riefen: *Der Fuchs, der Fuchs, der Fuchs ist rot! De Fuchs, der Fuchs, der Fuchs ist tot!* Der Fuchs? Welche Fuchs? Kamen da etwa Füchse gelaufen? Nein, Füchs waren das nicht, das waren wohl eher …

Der alte Fuchs entkam den Hunden ein letztes Mal ...

Die bellende Meute rannte unter dem Baum hindurch und der Fuchs atmete erleichtert auf. Er lachte sogar: *Ach, diese blöden, äh ... Hunde, ha ha ha!* Dann verlor er das Gleichgewicht und fiel vom Baum.

4 Meter 50 tief!

Zwei Tage später fanden ihn die jungen Füchse. Sie nahmen ihn mit und heilten alle seine Wunden.

Nur seinen Verstand, den heilten sie nicht, denn den hatte der Fuchs verloren und keiner wusste genau wo …

Bald hatten die Gänse vom kranken Fuchs gehört und immer, wenn sie ihn sahen, sangen sie dreistimmig:

Ich hab dem Fuchs Verstand gestohlen, geb ihn nie mehr her, geb ihn nie mehr her.

Ohne Grütze in der Birne mögen wir ihn seheher, ohne Grütze in der Birne bleibt sein Magen leer!

... bleibt sein Magen leer!

Wenn der Fuchs **die Hühner** fragte: *Was seid ihr denn für seltsame Tiere?*, bellten sie so gut sie konnten und riefen: *Hunde natürlich!*

Die Schafe erzählten dem Fuchs, er sei einer von ihnen und würde am liebsten dornige Rosen fressen. Ging der Fuchs nach dem Essen heim, lachten sie ihn aus. *Oh, seht nur, dieser Fuchs, er hat heute bestimmt wieder sieben Geißlein gefressen!*

Da wurde der Fuchs wütend, rannte los und wollte **sie alle fressen.** Aber nach ein paar Metern hatte er schon vergessen, warum er so wütend gewesen war, und wünschte allen nur einen *Guten Tag*.

Am liebsten unterhielt sich der Fuchs
mit dem freundlichen Fremden
– unten am Fluss.

Es war einmal ein alter Fuchs ohne Verstand.

Er wusste nichts und fühlte nur.
Er fühlte, wenn jemand seine Wunden leckte.
Er fühlte, wie es ist, keinen Hunger zu haben.
Er liebte es, wenn die jungen Füchse von der Jagd erzählten.
Er mochte ihre Tricks, vor allem den mit dem Strohhalm.

Ein paar Dinge fielen ihm schwer:
Er konnte sich keine Namen merken.
Er fand den Weg nach Hause nicht.
Er schlief nie gern allein.

Aber das musste er auch nicht.